Fiche **notion**

Par François Salmeron

La conscience

lePetitPhilosophe.fr

Associez chaque citation à l'explication qui lui correspond.

Choisissez un sujet bac et construisez le plan de votre dissertation en y associant, si possible, certaines des citations et des explications reprises ci-dessus.

APPROCHES DE LA NOTION

LA CONSCIENCE AU FONDEMENT DE TOUTES CHOSES

« Je pense donc je suis » : la première certitude ***

On estime que pour qu'il y ait une pensée à proprement parler, il faut qu'il existe au préalable un sujet pour la formuler : dans ce cas, le sujet est la source et la condition de toute pensée. Il semble en outre que la pensée est consciente d'elle-même : elle peut se prendre comme son propre objet. On a alors une certitude quasi immédiate de soi : quand on pense, on sait que l'on est en train de penser.

René Descartes (1596-1650) est le premier philosophe à avoir clairement établi **l'identification entre pensée et conscience**. Sa célèbre formule « Je pense donc je suis » (*Cogito ergo sum* en latin) s'inscrit néanmoins dans un environnement historique et intellectuel particulier.

Dans le contexte de crise du savoir et des sciences du XVIIe siècle, Descartes vise avant tout à parvenir à une connaissance vraie, qui se fonderait sur des bases solides. Pour atteindre la vérité, dont chacun est naturellement doté, l'homme doit suivre une méthode que le philosophe appelle « le doute méthodique » : celle-ci consiste à douter de tout ce que l'on tenait pour vrai jusque-là. Ce faisant, le sujet s'aperçoit qu'**une chose résiste au doute : le fait qu'il est justement en train de douter**, donc de penser. Or s'il pense, cela veut dire qu'il existe. Le sujet prend ainsi conscience de sa propre existence et se découvre comme « substance pensante » (*res cogitans* en latin). Le **cogito**, « Je pense donc je suis », est la seule chose qui demeure indubitable (citation 1).

La nature de l'homme étant de penser pour s'assurer des choses, il peut donc partir de la conscience qu'il a de lui-même pour (re)construire tout le savoir sur des bases fiables. Le sujet est donc **le lieu originaire de toute connaissance vraie**, et la conscience est le fondement de celle-ci.

Pour prendre conscience de soi, on n'a pas besoin du regard de l'autre ou de la médiation du monde environnant. Au contraire, c'est en plongeant en soi que l'on se découvre comme substance pensante, car la conscience de soi est directe, elle est de l'ordre de l'intuition.

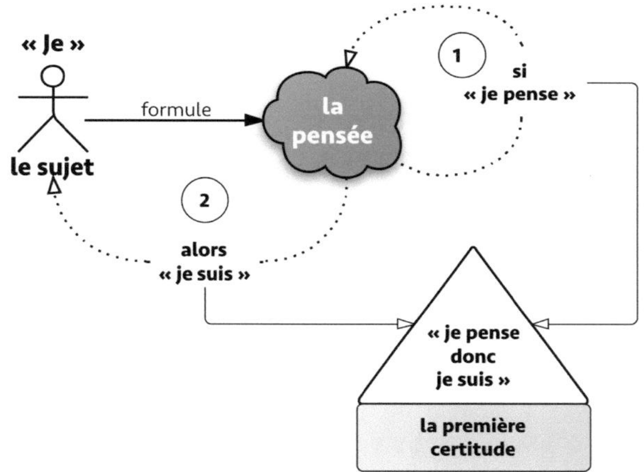

« Je pense » : la condition de la représentation du monde ***

L'homme se reconnait lui-même comme être pensant. Il est sujet en ce qu'il peut être conscient de lui-même et se représenter. En effet, même si notre corps ou notre caractère se modifient, nous nous reconnaissons, tout au long de notre vie, comme une seule et même personne et nous sommes capables de nous différencier du monde extérieur, ainsi que des choses et des autres êtres qui le composent. Autrement dit, nous sommes capables d'établir la permanence et l'unité de notre conscience.

Emmanuel Kant (1724-1804) estime que c'est dans ce pouvoir à se représenter comme un « je » que résident la spécificité et la dignité de l'homme. D'après lui, l'homme devient lui-même en se pensant comme sujet, ce qui lui confère alors un statut bien particulier : il se sait supérieur à tout autre être. Mais être sujet, c'est surtout être conscient de soi et se reconnaitre comme un grâce à l'unité de la conscience, et ce malgré les changements que l'on connait dans notre existence.

Cependant, contrairement à Descartes pour qui la substance pensante est une, Kant, dans la Critique de la raison pure (1781-1787), propose le principe **d'un double sujet présent en chacun de nous** :

- d'un côté, **un sujet empirique**, ou conscience psychologique, soumis aux aléas de l'expérience ;
- d'un autre côté **un sujet transcendantal**, ou conscience pure, qui garantit l'unité et la permanence de la conscience.

Dès lors, Kant estime qu'il existe deux pôles fondamentaux dans toute connaissance :

- la sensibilité, qui est du côté de l'empirique ;
- l'entendement, qui constitue le pouvoir unificateur de l'esprit humain. Il est identique pour tous et donc universel. C'est lui qui donne un caractère objectif à la connaissance.

Le « je pense » est donc la condition nécessaire de la représentation de tout objet et du monde environnant (citation 2). **Les objets sont donnés dans des intuitions par la sensibilité et sont pensés par l'entendement**. Pour le dire autrement, la matière, c'est-à-dire la masse brute provenant du monde sensible, est organisée par l'esprit humain.

L'originalité de Kant est de soutenir que la connaissance est liée à la particularité du sujet connaissant et à la structure universelle de son esprit.

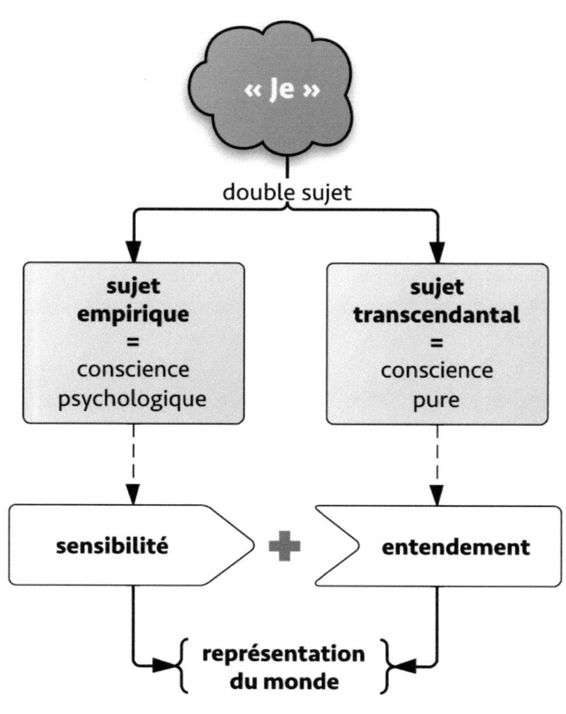

LA CONSCIENCE COMME OUVERTURE AU MONDE

L'intentionnalité de la conscience ***

Le cogito cartésien ramène tout à lui : la conscience attire en quelque sorte en elle le monde extérieur et le représente à sa façon suivant le jeu de ses propres facultés. Il s'agit d'une relation de pure intériorité puisqu'elle coupe tout lien avec le monde extérieur en remettant en question l'existence même des corps. Nous la qualifierons de « solipsiste » (attitude qui consiste à prendre sa conscience pour l'unique réalité). Dans cette perspective, la conscience est la condition de la connaissance de soi et du monde.

Pourtant, il faut bien constater que sans le monde, il n'y aurait pas de représentation. En effet, la conscience, pour prendre conscience d'elle-même, se réfère à la représentation de quelque chose d'extérieur à elle, qu'elle intériorise et intègre.

Edmund Husserl (1859-1938) émet alors l'idée que **toute conscience est « conscience de quelque chose »**, d'un objet extérieur ou d'autrui. En fait, sans objet, sans extériorité ou sans matière qui se présente à elle, la conscience ne pourrait rien se représenter ! C'est ce que souligne le courant philosophique de la **phénoménologie** : la conscience est toujours ouverte, elle est essentiellement « intentionnalité », c'est-à-dire tournée vers l'extérieur, le monde et autrui (citation 3).

Le besoin de reconnaissance de la conscience **

Dans *L'existentialisme est un humanisme* (1946), **Jean-Paul Sartre** (1905-1980) définit pour sa part la conscience comme intentionnalité et comme liberté. Il souligne notamment que la conscience ne peut être renfermée sur elle-même et exclure définitivement le monde extérieur.

L'existentialisme athée sartrien défend principalement deux thèses :

- « l'homme est condamné à être libre » : délaissé dans un monde hostile et indifférent à son égard, où Dieu est absent, l'homme est responsable de lui-même et ne peut donner sens au monde qu'en s'y engageant ;
- « l'existence précède l'essence » : il n'existe pas de nature humaine, ce que l'homme est n'est pas donné d'avance, il se construit à travers les projets qu'il entreprend.

Sartre soutient alors que **chaque conscience a besoin d'être reconnue par une autre conscience** : c'est par le regard d'autrui que l'homme se construit lui-même et qu'il prend conscience de qui il est. Finalement nous évoluons dans un monde intersubjectif (où les personnes sont en relation) puisque nous avons besoin de passer par l'autre pour fonder notre existence et la connaissance que nous pouvons avoir de nous-mêmes. Il existe donc un jeu de relations réciproques entre les consciences : elles s'ouvrent les unes aux autres, et se constituent grâce aux liens qu'elles tissent entre elles.

L'EXISTENTIALISME

L'**existentialisme** désigne, de manière générale, toute philosophie qui s'intéresse à l'existence de l'homme. Dans un sens plus moderne, il s'agit d'une pensée qui affirme la primauté de l'existence vécue sur l'essence humaine.

La conscience comme projection dans le monde *

Selon **Martin Heidegger** (1889-1976), la conscience et le monde sont également indissociables. Il définit le sujet humain comme un *dasein*, un « être-au-monde » : **l'homme n'existe que dans la relation qu'il noue avec le monde et avec autrui**. La conscience vise donc toujours quelque chose d'autre qu'elle-même et se projette dans son environnement. C'est en s'ouvrant à l'extériorité, et non pas en restant focalisé sur soi, que l'on parvient à la conscience de soi. L'homme peut ainsi prendre conscience de lui-même par la médiation d'autrui, mais également en se projetant dans le monde, en y inscrivant son action et en le transformant.

La double nature de la conscience **

Dans son *Esthétique* (1820-1829), **Georg Wilhelm Friedrich Hegel** (1770-1831) nous rappelle que **l'homme a une double existence** : il est à la fois chose de la nature et conscience de soi (citation 4).

Et cette conscience de soi est :

- soit théorique : elle entretient un rapport avec elle-même ;
- soit pratique : elle entretient un rapport avec une réalité qui lui est extérieure.

En tant que sujet, l'homme est libre d'adapter la nature à ses besoins. Il a ainsi la possibilité de modifier celle-ci volontairement. L'homme se reconnait alors dans l'extériorité qu'il façonne et qui porte désormais le sceau de son intervention. Il y reconnait dès lors la marque de sa propre activité et prend conscience de son statut de sujet libre.

LA CONSCIENCE EN QUESTION

La conscience de soi est-elle connaissance de soi ? **

Si la connaissance implique un sujet connaissant et un objet à connaitre, ce qu'il y a de remarquable dans la connaissance de soi, c'est que le sujet se prend lui-même comme objet. La conscience a donc la particularité de se prendre comme objet de sa propre fonction. On a en effet le pouvoir de penser que l'on pense, de se penser comme être pensant et, par là, de se dédoubler, c'est-à-dire de s'objectiver, de se considérer comme un objet quelconque.

Mais il ne faut pas oublier **que je me connais avant tout tel que je m'apparais, et non pas forcément tel que je suis en réalité**. J'ai conscience que je suis, que j'existe et que je pense, mais cela n'implique pas nécessairement que je sache avec certitude ce que je suis, comme le remarque **Kant** (citation 5). Je ne suis pas toujours transparent à moi-même et je ne parviens pas toujours à m'objectiver. Je peux alors m'apparaitre autre que ce que je suis vraiment. Être conscient de soi, ce n'est donc pas automatiquement se connaitre. Je peux rester fondamentalement obscur à moi-même, tout en ayant conscience d'exister.

La conscience nous rend-elle libres ? **

Par conséquent, la conscience que nous avons de ce que nous sommes pourrait ne pas coïncider avec ce que nous sommes réellement. La conscience de ce que l'on est ou de ce que l'on fait ne serait-elle alors qu'une illusion ? Au lieu d'être le foyer primitif et ultime de toute vérité, la conscience n'apporterait-elle au contraire que des illusions ?

D'après **Baruch Spinoza** (1632-1677), la première de ces illusions serait la liberté. Le philosophe stipule en effet dans l'*Éthique* (1661-1675) qu'être libre c'est savoir ce qui nous pousse à agir. En fait, ce sont nos « appétits », c'est-à-dire les mouvements et les désirs qui nous portent vers les objets, qui nous déterminent à agir de telle ou telle manière. Mais alors, en quoi la conscience nous donnerait-elle l'illusion d'être libres ?

Selon Spinoza, **nous croyons être libres, car nous sommes conscients de nos actions**. Or, même si nous avons conscience d'agir de telle ou telle manière, nous ne sommes pas, pour autant, conscients de ce qui nous détermine à agir ainsi. Nous ignorons les raisons de nos actes. Les hommes naissent ainsi ignorants des causes et des déterminations des choses. Ils sont mus par des appétits qu'ils ne contrôlent pas et qui les poussent à chercher ce qui leur est utile ou agréable – chose dont ils ont d'ailleurs parfaitement conscience. Il s'ensuit qu'ils se croient libres parce qu'ils ont conscience de leurs appétits. Mais en réalité, ils ne le sont absolument pas, car ils en ignorent les causes (citation 6).

En fait, la véritable liberté consisterait à maitriser nos désirs et à identifier ce qui nous fait agir.

La conscience se réduit-elle au cerveau ? *

Si l'homme est guidé dans ses actes par des appétits et des désirs variés, la conscience se trouve-t-elle déterminée par des données d'ordre purement physique, physiologique ou pulsionnel ? Dans ce cas, la conscience n'aurait-elle aucune autonomie, et son fonctionnement se réduirait-il à de purs mécanismes ?

C'est en tout cas l'un des questionnements majeurs de la philosophie et des neurosciences aujourd'hui : est-ce que le psychique se réduit au physiologique ? Le neurobiologiste français **Jean-Pierre Changeux** (né en 1936) a notamment étudié le développement du système nerveux et les fonctions cognitives propres à l'homme. À ce sujet, il soutient l'idée que le comportement humain et **les processus internes de l'esprit s'expliquent mécaniquement**.

Affirmer que la conscience et le comportement humain se justifient par la composition et le fonctionnement du cerveau revient néanmoins à défendre une **position matérialiste**, d'un point de vue philosophique : la matière est à l'origine de la conscience de l'homme, de son esprit et de son comportement. Ceux-ci se réduiraient au fonctionnement du cerveau perçu comme une connexion complexe de cellules nerveuses.

LE MATÉRIALISME

Le **matérialisme** est une doctrine philosophique qui rejette l'existence d'un principe spirituel, estimant que la matière est à l'origine de toutes choses. Elle s'oppose au spiritualisme qui affirme au contraire l'autonomie et la supériorité de l'esprit sur la matière.

Mais même si l'on admet qu'il n'y a pas de pensée sans cerveau et sans système neuronal, doit-on pour autant dire que la conscience et la pensée sont la même chose que le cerveau ? Comme c'est le cas du **spiritualisme**, on peut refuser de réduire l'esprit à la matière. C'est ce que soutient **Henri Bergson** (1859-1941) dans *Matière et Mémoire* (1896). Si le cerveau rend possible la conscience et la pensée, il n'en est pas pour autant la cause. Le cerveau ne produit pas la conscience comme un organe sécrèterait un suc ou une enzyme. Ainsi, l'essence de la pensée et de la conscience est indépendante de ses composantes matérielles.

La conscience ne serait-elle qu'une fiction ? ***

Descartes affirme que c'est le « je » qui pense, c'est-à-dire le sujet humain doté d'une conscience. Néanmoins, que perçoit-on réellement lorsque l'on plonge en soi ? Perçoit-on un « moi » simple et identique, ou n'est-on pas plutôt continuellement traversé par une multitude d'impressions changeantes ?

Telle est la thèse que défendent le **courant empiriste** et le philosophe **David Hume** (1711-1776) en particulier. L'empirisme soutient en effet, contre le rationalisme, qu'il n'existe pas en nous une identité ou une substance qui servirait de support à tous les changements qui nous affectent, que tout dépend de l'expérience.

L'EMPIRISME

L'**empirisme** est une doctrine philosophique selon laquelle toute connaissance que nous avons des choses provient exclusivement de l'expérience. À l'inverse, le **rationalisme** estime que toute connaissance exige des principes universels constitués par la raison humaine et non tirés de l'expérience sensible.

Dans le *Traité de la nature humaine* (1740), Hume estime que l'on ne trouve que des perceptions particulières en soi, et non pas quelque chose de simple et de continuellement existant comme un cogito. Le « moi » apparait donc comme une invention, car je ne puis trouver autre chose en moi que des sensations et des perceptions changeantes. Ainsi, **l'esprit ne serait pas constitué par une conscience ou**

un pur entendement, mais bien par un défilé continuel de sensations et de perceptions sans lesquelles il serait complètement vide <u>(citation 7)</u>.

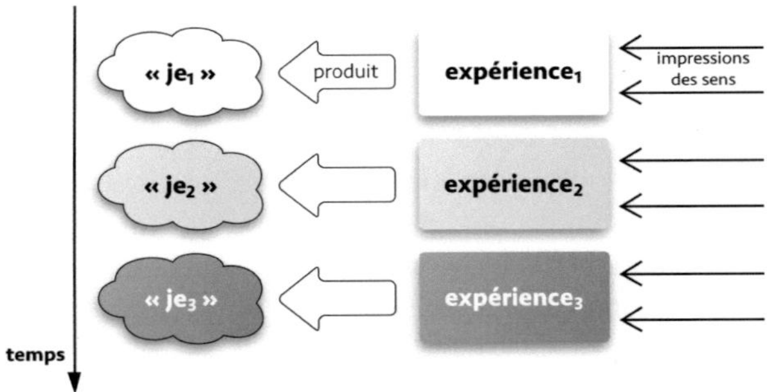

EN RÉSUMÉ

Depuis le XVIIe siècle, on identifie la conscience à la pensée. **Descartes** est le premier à l'avoir clairement formulé : « Je pense donc je suis. » Le philosophe fait de cette certitude le fondement de toute connaissance vraie.

Si Descartes estime que la conscience est une, **Kant** distingue quant à lui la présence de deux sujets en l'homme : un sujet empirique, qui perçoit les objets donnés par les sens, et un sujet transcendantal, qui organise et unifie les données du sensible.

Certains se sont opposés à la conception cartésienne de la conscience comme pure intériorité, notamment **Husserl**. Celui-ci refuse de concevoir une conscience coupée du monde extérieur : toute conscience est intentionnalité, elle est conscience de quelque chose, d'un objet ou d'autrui.

Hegel défend pour sa part l'idée que la conscience peut être soit théorique, lorsqu'elle entretient un rapport avec elle-même, soit pratique, lorsqu'elle entre en relation avec une réalité extérieure.

Spinoza s'est lui aussi opposé à Descartes, accusant la conscience d'être, non pas l'origine de toute vérité, mais la source d'illusions. Selon lui, l'homme a l'illusion d'être libre parce qu'il est conscient de ses actions, mais en réalité, il ignore ce qui le pousse à agir.

Enfin, **Hume** rejette carrément l'idée d'une conscience invariable et permanente. À ses yeux, le concept de conscience est une invention ; il n'existe en l'homme qu'une multitude de perceptions particulières et changeantes.

Votre avis nous intéresse !
Laissez un commentaire sur le site de votre librairie en ligne
et partagez vos coups de cœur sur les réseaux sociaux !

POUR ALLER PLUS LOIN

- BERGSON H., *L'Énergie spirituelle*, Paris, PUF, 2003.
- BERGSON H., *Matière et Mémoire*, Paris, PUF, 2008.
- CHANGEUX J.-P., *L'Homme neuronal*, Paris, Fayard, 1983.
- DESCARTES R., *Discours de la méthode*, Paris, Agora, 1990.
- DESCARTES R., *Les Méditations métaphysiques*, Paris, GF-Flammarion, 2009.
- GODIN C., « La conscience », in *Le Cours de philosophie*, Nantes, Éditions du Temps, 2004.
- HEGEL G. W. F., *Cours d'esthétique*, traduction de Jean-Pierre Lefebvre et de Veronika von Schenck, Paris, Aubier Montaigne, 1995.
- HUSSERL E., *Méditations cartésiennes*, traduction de Gabrielle Peiffer et d'Emmanuel Levinas, Paris, Vrin, 1966.
- HUME D., *Traité de la nature humaine*, traduction de Philippe Saltel et de Philippe Baranger, Paris, GF-Flammarion, 1995.
- KANT E., *Critique de la raison pure*, traduction de Jules Romain Barni, Paris, G. Baillière, 1869.
- KANT E., *Anthropologie d'un point de vue pragmatique*, introduction de Michel Foucault, Paris, Vrin, 1984.
- PUTOIS O., *La Conscience*, Paris, GF-Flammarion, 2005.
- SARTRE J.-P., *L'existentialisme est un humanisme*, Paris, Gallimard, 1996.
- SPINOZA B., *Éthique*, traduction de Roland Caillois, Paris, Gallimard, 2003.

TESTEZ VOS CONNAISSANCES !

ASSOCIEZ CHAQUE CITATION À L'EXPLICA-TION QUI LUI CORRESPOND.

Citations

- **Citation 1** : « [...] pendant que je voulais ainsi penser que tout était faux, il fallait nécessairement que moi, qui le pensais, fut quelque chose. » (DESCARTES R., *Discours de la méthode*, partie IV, Paris, Agora, 1990)
- **Citation 2** : « Le je pense doit nécessairement pouvoir accompagner toutes mes représentations [...]. » (KANT E., *Critique de la raison pure*, Paris, G. Baillière, 1869, tome I, p. 137).
- **Citation 3** : « Le mot intentionnalité ne signifie rien d'autre que cette particularité [...] qu'a la conscience d'être conscience de quelque chose [...]. » (HUSSERL E., *Méditations cartésiennes*, Paris, Vrin, 1966, p. 28)
- **Citation 4** : « [...] l'homme, en tant qu'esprit double, se redouble, car d'abord il est au même titre que les choses naturelles sont, mais ensuite, [...] il est pour soi, se contemple, se représente lui-même, pense [...]. » (HEGEL G. W. F., *Cours d'esthétique*, Paris, Aubier, coll. « Bibliothèque philosophique », 1995, p. 45)
- **Citation 5** : « [...] J'ai conscience de moi-même, non comme je m'apparais, ni comme je suis en moi-même, mais j'ai seulement conscience que je suis [...]. » (KANT E., *Critique de la raison pure*, Paris, Gallimard, 1980)
- **Citation 6** : « Les hommes se croient libres pour cette seule cause qu'ils sont conscients de leurs actions et

ignorants des causes par où ils sont déterminés. »
(SPINOZA B., *Éthique*, livre III, scolie de la proposition II,
Paris, GF, 1965)

- **Citation 7** : « Ce ne sont que des perceptions successives
qui constituent l'esprit. » (HUME D., *Traité de la nature humaine*, livre I, partie IV, section IV, Paris, GF, 1995, p. 342)

Explications

- **Explication a** : la conscience ne peut être coupée du
monde extérieur, elle est toujours conscience d'un objet
ou d'autrui.
- **Explication b** : l'homme a le pouvoir de penser qu'il
pense, de se penser comme être pensant et, par là, de se
dédoubler, c'est-à-dire de se considérer comme un objet
d'analyse.
- **Explication c** : lorsque le sujet doute de tout, il y a une
chose qu'il ne peut mettre en cause, c'est justement le
fait qu'il doute, qu'il pense, donc qu'il existe.
- **Explication d** : nous croyons être libres, car nous sommes
conscients de nos actes ; or nous ignorons ce qui nous
pousse à agir.
- **Explication e :** il existe en chacun un sujet transcendantal, qui garantit l'unité et la permanence de la conscience,
et qui est la condition de la représentation du monde.
- **Explication f** : le moi n'existe pas, la conscience n'est en
fait qu'une collection d'impressions.
- **Explication g** : l'homme a conscience de son existence,
mais non de ce qu'il est, car il se connait avant tout tel
qu'il s'apparait à lui-même et pas forcément tel qu'il est
en réalité

- **Explication h** : la conscience se réduit au fonctionnement du cerveau, à une connexion complexe de cellules.
- **Explication i** : chaque conscience a besoin d'une autre conscience pour être reconnue comme telle, c'est par le regard de l'autre que l'homme prend conscience de ce qu'il est.
- **Explication j** : à la différence de l'animal, l'homme a le pouvoir de se penser lui-même, autrement dit de se saisir comme un objet quelconque.

CHOISISSEZ UN SUJET BAC ET CONSTRUISEZ LE PLAN DE VOTRE DISSERTATION EN Y ASSOCIANT, SI POSSIBLE, CERTAINES DES CITATIONS ET DES EXPLICATIONS REPRISES CI-DESSUS.

- L'homme est-il condamné à se faire des illusions sur lui-même ? (bac L 2011)
- Est-il plus facile de connaitre autrui que de se connaitre soi-même ? (bac ES 2008)
- L'art transforme-t-il notre conscience du réel ? (bac S 2008)
- Toute prise de conscience est-elle libératrice ? (bac L 2007)
- Prendre conscience de soi est-ce devenir étranger à soi ? (bac S 2003)
- La question « Qui suis-je ? » admet-elle une réponse exacte ? (bac L 2001)
- Peut-on se mentir à soi-même ? (bac ES 1999)
- La conscience est-elle ce qui rend l'homme libre ?

- Suffit-il d'être conscient de ses actes pour être responsable ?
- Les animaux ont-ils une conscience ?

Rendez-vous sur lepetitphilosophe.fr et découvrez :

Plus de 1200 analyses
Claires et synthétiques
Téléchargeables en 30 secondes
À imprimer chez soi

ISBN version numérique : 978-2-8062-4444-4
ISBN version papier : 978-2-8062-4421-5
Dépôt légal : D/2017/12603/546

Schémas réalisés par Alberto Molina Pérez,
doctorant en philosophie des sciences (Université
Paris I-Panthéon-Sorbonne)

Conception numérique : Primento,
le partenaire numérique des éditeurs.